LE BARON DE TRENCK,

OU

LE PRISONNIER PRUSSIEN,

FAIT HISTORIQUE,

EN UN ACTE ET EN VERS;

Repréſenté pour la première fois, à Paris, ſur le Théâtre de l'AMBIGU-COMIQUE, le Mardi 8 Juin 1788.

Prix, 1 livre 4 ſols.

A PARIS,

Chez CAILLEAU, Imprimeur-Libraire, rue Gallande, N.º 64.

Avec Approbation & Permiſſion.
1788.

LE PRISONNIER PRUSSIEN.

« LE Théâtre (comme le décrit lui-même le
» Baron de Trenck dans son histoire, & pour exécuter
» la pièce, je crois qu'il est impossible de s'en passer);
» le Théâtre, dis-je, représente un cachot très-ob-
» scur; sa largeur est de huit pieds, & sa longueur de
» dix. Dans un angle, est construit, en briques, une
» espèce de banc destiné à asseoir le Baron de
» Trenck; & vis-à-vis, une fenêtre en demi-cercle gar-
» nie de barreaux très-gros & très-serrés ».

« A côté du siége de briques, on voit scellé dans le
» mur l'anneau auquel sont attachées les chaînes du
» Baron. Ses deux pieds sont serrés dans des chaînes
» qui tiennent à cet anneau; ses deux mains dans
» d'autres chaînes qui répondent à une large bande
» de fer qu'il a autour du corps. A chaque menote
» est un anneau dans lequel passe une barre longue
» de deux pieds, pour empêcher que les deux mains
» ne se joignent; & en outre le Baron a, autour du
» col, un carcan de fer, d'où pend une grosse chaîne
» qui va se rejoindre à celle des pieds.

» Sur, & dans le mur opposé au siége, est
» gravé, en briques rouges, le nom de Trenck ; &
» sous ses pieds, on voit une tombe sur laquelle est
» incrusté le même nom, au-dessus d'une tête de mort.
» C'est sous cette tombe que Trenck doit être enterré
» après sa mort, que l'on croit infaillible dans ce
» cachot ».

PERSONNAGES.	ACTEURS.
LE DUC FERDINAND DE BRUNSWICK, Gouverneur de Magdebourg.	M. Bithmer.
LE BARON DE TRENCK.	M. Varenne.
LA COMTESSE, sa Sœur.	Mlle. Chénier.
ADÉLAIDE, son Amie.	Mlle. Langlade.
GEFFARD, Grenadier.	M. Maillé.
LE GÉNÉRAL DE BORCK, Commandant du Fort de l'Étoile.	M. Lebel.
UN OFFICIER.	M. Mercerot.
OFFICIERS & SOLDATS.	

La Scène est dans la Prison de Trenck.

LE
BARON DE TRENCK,
FAIT HISTORIQUE.

SCENE PREMIERE.

LE BARON DE TRENCK, *tantôt debout,*
tantôt assis.

DE Trenck infortuné, voici donc le tombeau !
C'est donc dans un cachot, dans le séjour du crime,
Que, de la trahison innocente victime,
Je verrai de mes jours s'éteindre le flambeau !
D'un Roi que j'adorais, moi, serviteur fidèle,
  Parmi les traîtres confondu !
  Des fers sont le prix de mon zèle !
Mon Roi m'a condamné sans m'avoir entendu !
De lâches Courtisans jouet trop déplorable,
De gloire & d'infortune exemple mémorable,

A

A la faveur des Rois je me suis trop fié !
Un imposteur, du mien m'a ravi l'amitié.
Tandis que dans les camps je bravais les allarmes,
Que l'ennemi cédait à l'effort de mes armes ;
  Sur l'innocence de mon cœur,
  Qui fut toujours le siége de l'honneur,
   Quand je me reposais tranquile ;
La foudre avec l'éclair sur ma tête a tombé.
Dans les piéges secrets d'un envieux habile,
Le Soldat sans reproche enfin a succombé ;
  Et l'artisan de ma disgrace,
  En insultant à la vertu,
  De ma dépouille revêtu,
'A côté de mon Prince, est assis à ma place !
Art funeste des Cours ! L'homme adroit & rusé ;
Qui saisit mieux les goûts de son Maître abusé,
A son gré, rend son ame ingrate ou généreuse,
Au faîte des honneurs bientôt il est monté ;
Il écrâse à ses pieds le serviteur fidèle
Qui, de la vérité l'organe & le modèle,
A bien servi son Prince, & ne l'a point flaté.
  Voilà mon sort ! & de ma liberté
  Je serais privé pour la vie !
Non, non ; depuis neuf ans vous me l'avez ravie ;
C'est assez : mais bientôt à votre cruauté,
Si d'un heureux succès mon audace est suivie,
Je saurai ravir *Trenck* trop long-tems insulté.
  Pour me soustraire à votre barbarie,
  Les murs de *Glatz* ne m'ont point arrêté ;
  Je n'ai plus *Schell*, mais *Geffard* m'est resté.
Bon *Geffard* ! dans l'Histoire, ô nom digne de vivre !

On ne te lira point fans répandre des pleurs ;
L'opprobre attend le nom de mes perfécuteurs.
  Par fon fecours déja je me délivre
    Du poids horrible de mes fers ;
Leurs anneaux monftrueux, par la lime entr'ouverts ;
    A mes efforts cèdent fans nulles peines ;
      En fecret dépofant mes chaines,
    J'ai fu creufer un profond fouterrein....
Souffrons encore un jour, je fuis libre demain.
    De mon cachot on a fait la vifite ;
C'eft pour trois jours ! *Geffard* eft de garde aujourd'hui ;
Il doit avoir reçu de l'or pour notre fuite.....
J'entends notre fignal.... Oui, c'eft Geffard !... c'eft lui !...

    (*Il quitte fes chaines.*)

Tombez, cha nes, que *Trenck* n'aurait pas dû porter !
Faites pour le feul crime, allez l'épouvanter ;
Vos flétriffures font l'honneur de l'innocence.

SCENE II.

LE BARON DE TRENCK, GEFFARD.

TRENCK.

Brave Geffard, eh bien ! quelle efpérance !

GEFFARD.

Bonne ! je vous annonce enfin la liberté.

TRENCK.

A ma Sœur, fans délais, quoi ! ma Lettre rendue !...

A 2

GEFFARD.

La réponse en est revenue,
Et dans mes mains l'or vient d'être compté.

TRENCK.

O mon ami ! quelle reconnaissance !

GEFFARD.

Ce nom que votre bouche a daigné me donner,
Est ma plus douce récompense.

TRENCK.

Par tes rares vertus ne crois plus m'étonner.
A ta pitié sensible, à ton mâle courage,
A ton attachement tu m'as accoutumé !
Geffard lui seul m'a pour moi-même aimé,
Contre les coups du sort lui seul m'a ranimé ;
Lorsqu'à la cruauté l'on unissait l'outrage,
D'un désespoir rongeur quand j'étais consumé,
Geffard m'a toujours estimé,
Et ma constance est son ouvrage.

GEFFARD.

Si je vous avais cru perfide envers l'État,
Envers un Prince que l'on aime,
Pour vous, quoiqu'Officier, j'aurais senti moi-même
Le mépris qu'inspire un ingrat.
Mais je vous crus toujours aussi fidèle
Que je vous avais vu vaillant dans un combat ;
Et le Guerrier qui bravement se bat,
N'est pas fait pour avoir une ame criminelle.
J'ai vu qu'on en voulait à vos malheureux jours ;
Le cœur d'un vieux Soldat en a frémi d'avance.

Mais le Baron de Trenck, à sa seule innocence,
Doit mon estime & mes secours.

TRENCK.

Et voilà le secours qui me flatte & m'honore !
Il couvre seul d'un opprobre éternel
Le front de ce faible mortel
Qui me fait innocent & qui m'opprime encore.

GEFFARD.

A la fin de vos maux vous êtes parvenu.
Si-tôt que de la nuit le tems fera venu,
Sans nulles craintes, fans allarmes ;
Prenez votre poudre, vos armes,
Plongez-vous dans le fouterrein
Qu'à force de travaux a creufé votre main ;
Du rempart à minuit je vous ouvre la porte :
Des chevaux feront prêts, ardens, pleins de vigueur ;
Geffard lui feul vous fervira d'efcorte.
D'avoir brifé vos fers il aura tout l'honneur.

TRENCK.

D'un Soldat courageux que c'eft bien le langage !

GEFFARD.

Voilà les trois mille florins
Qui, pour les frais de cet heureux voyage,
Viennent d'être mis dans mes mains.

TRENCK, *lui donnant un rouleau.*

En voilà mille, ami ! Je t'en dois davantage !
Mais, pour l'inftant, daigne t'en contenter.

GEFFARD, *reculant.*

Je connais trop mon Capitaine,

Pour croire ici qu'il veuille m'infulter.

Quand je le fers contre une injufte haine,

Mon cœur jamais par l'or ne s'eft laiffé tenter.

Si j'acceptais l'argent qu'il me préfente,

Cette généreufe pitié,

Cette inviolable amitié,

Dont mon ame eft fi fière enfemble & fi contente,

A mes propres regards n'auraient plus de valeur :

Je me croirais un mercenaire

Qui, des doux fentimens d'humanité, d'honneur,

Sans les aimer, pour eux, recevrait le falaire.

Serais-je digne, alors du nom de votre ami ?

Non : des rigueurs du deftin ennemi,

Faffe le Ciel que je vous affranchiffe !

Alors appelez-moi votre libérateur,

Gardez-moi toujours votre cœur,

Et Geffard fe croira payé de fon service.

TRENCK, *avec enthoufiafme.*

Trop ingrate Patrie, où l'abfolu pouvoir

Paraît envenimer tout ce qui m'environne,

J'oublie en ce moment mes maux, mon défefpoir ;

Tu fis naître Geffard, & mon cœur te pardonne.

GEFFARD.

En fecret, chez moi, ce matin,

Il vient d'arriver de Berlin

Deux amis, qui fuivaient l'Emiffaire fidèle,

Par qui cet or me fut remis.

Ils brûlent de vous voir.

TRENCK.

Croirai-je à ta nouvelle ?

Les malheureux comptent-ils des amis ?

GEFFARD.

A moi tous deux ils se sont fait connaître ;
Tous deux vous sont unis du plus tendre lien ;
Je réponds de leur cœur, enfin, comme du mien;
Dites un mot ils vont paraître.

TRENCK.

Va, de les amener je te laisse le maître.

SCENE III.

TRENCK, seul.

Deux amis, deux amis ! à moi !
Quoi ! dans ce tems de dangers & d'orage,
Pour m'embrasser ils ont eu le courage
De risquer d'encourir la disgrace du Roi !
Dieux ! si j'ôsais en croire au mouvement de joie,
Au doux pressentiment qui vient flater mon cœur....
C'est sûrement mon amie & ma sœur,
Que, pour me consoler, un sort heureux m'envoie.
Ne me refuse pas cet unique bienfait,
Ciel, qui, dans mes malheurs, seul, me rendras justice !
Que dans mes bras je réunisse
Mon amie & ma sœur, & je meurs satisfait.

SCENE IV.

TRENCK, LA COMTESSE, ADÉLAIDE.

LA COMTESSE.

EH BIEN ! vous les voyez !

TRENCK.

Ma sœur !.... Adélaïde !...

ADÉLAIDE.

Oui, c'est nous qui venons vous voir, vous consoler.
L'amitié m'a servi de guide,
Et, près de vous, l'amour s'est hâté de voler.

TRENCK, *levant les mains au Ciel.*

N'exauce pas le vœu que t'adressait ma bouche,
Ciel ! recule l'instant qui doit me voir mourir !
Il existe deux cœurs que ma misère touche,
Je vous vois un moment.... je peux encor souffrir.

ADÉLAIDE.

Dans quel séjour je revois ce que j'aime !

LA COMTESSE.

Dût-ce être là jamais le prix de la valeur ?

TRENCK.

Mes maux sont inouis ; mais au moins dans moi-même
Je trouve l'innocence & le calme du cœur.

ADÉLAIDE.

Si votre Adélaïde eût soupçonné qu'un crime
    Pût entrer dans votre âme un jour,
Peut-être dans son cœur eût survécu l'amour,
    Mais *Trenck* eût perdu son estime ;
    Et, dans un cœur, né magnanime,
L'amour dont on rougit meurt bientôt à son tour.

TRENCK.

Non, je ne fus jamais ni lâche, ni perfide.
Par l'amant, qu'aux vertus vous avez excité,
    Le nom de Trenck sans tache fut porté.
    Mon cœur est pur, & c'est la vérité,
    Comme le vôtre, Adélaïde.

ADÉLAIDE.

Et d'un vil scélérat vous subissez le sort !

LA COMTESSE.

Contre la calomnie est-il quelque refuge ?

TRENCK.

Mon supplice est cent fois plus cruel que la mort.
Je suis puni, ma sœur, sans avoir eu de Juge ;
Et de ce châtiment, sous lequel je gémis,
Seulement d'en parler, malgré moi, je frémis :
Écoutez, & jugez du nombre de mes peines.
    Cet amas monstrueux de chaines,
    Depuis neuf ans j'en suis chargé !
Dans ce cercle de fer mon corps est engagé ;
    Mon col par ce carcan horrible
    Étroitement est resserré ;
A ces anneaux l'un & l'autre livré,

Mes pieds me font fouffrir un fupplice terrible ;
Enfin, pour comble de rigueur,
Dans ceux-ci mes deux mains paffées ;
Du poids entier de tous mes fers preffées,
S'enflent à chaque inftant de gêne & de douleur.
De tant de maux l'innocente victime
A vos yeux attendris fait répandre des pleurs ;
Mais le plus grand de mes malheurs,
C'eft de me voir flétri fans connaître mon crime.

ADÉLAIDE.

Trop malheureux objet du plus fidèle amour ;
Quel fpectacle pour votre amante !
Dans quel climat, dans quelle Cour,
Écrafe-t-on, fans caufe, une tête innocente ?

TRENCK.

Ce n'eft pas tout encore ; on a, pour votre amant,
Pouffé la cruauté jufqu'au raffinement.
D'abord mes ennemis, dirai-je facrilèges,
Pour me prendre, ont bravé les plus faints privilèges ;
Au fein de *Dantzick* même, un afile facré,
Je fus aux Pruffiens indignement livré ;
Et l'on était fi fûr de cette perfidie,
Que mon cachot était bâti dans ma Patrie ;
Que je vivais encor dans les bras de ma fœur.
Mais contemplez ici cet excès de noirceur.
A peine un faible jour chaffe-t-il les ténèbres,
Que mes yeux font frappés de mille objets funèbres,
Voilà le nom de *Trenck* dans le mur incrufté
Pour me dire : *Il n'eft plus pour toi de liberté* !

Regardez : où je fuis, à cette place même,
De la mort fous mes pieds on a gravé l'emblême ;
Je ne puis faire un pas dans cet affreux caveau,
Que *Trenck* infortuné ne foule fon tombeau ! ·
En me frappant, de loin on femble encor me dire :
« C'eft ici que je veux que ma victime expire ;
» Ses yeux verront la mort tant qu'il refpirera,
» Et c'eft fur fon cercueil que l'innocent mourra».

A D É L A I D E.

'Ah ! ceffez de m'offrir cette horrible peinture,
Dont s'indigne l'amour, & frémit la nature.

L A   C O M T E S S E.

Un dernier trait encor de mon frère ignoré !...
Sa première prifon fut dans la Citadelle.
Trompant l'œil attentif d'une Garde fidèle,
Il allait s'échapper ; fon fecret fut livré.
Je l'avais fecouru, l'on fut m'en faire un crime.
Mes biens des Raviffeurs devinrent la victime ;
Ils furent dévaftés : & , pour comble d'horreur,
        Madame, on contraignit la fœur
A bâtir, à fes frais, le tombeau de fon frère.

(*A Trenck.*)

Ainfi, pour mes enfans, pour tes triftes neveux,
        Je vois de loin s'avancer la misère ;
        Et l'héritage de leur mère
'A payé le cachot d'un oncle malheureux.

T R E N C K.

Ainfi, dans ma ruine, ô fœur infortunée ;
Pour m'avoir trop chéri, tu te vois entrainée :

LA COMTESSE.

Brise tes fers, je crois n'avoir plus rien perdu.

TRENCK.

En ce moment, ma sœur, cet espoir m'est rendu ;
Et ce soir, dans vos bras, libre enfin, sans allarmes,
La nature & l'amour pourront mêler leurs larmes.
Par le Soldat qui vient de vous ouvrir ces lieux,
      Toutes deux laissez-vous conduire ;
      De nos projets lui seul peut vous instruire.
  (*A Adélaïde.*)
      C'est un brave homme, un ami précieux ;
      Depuis neuf ans son zèle ardent me guide ;
A vous-même, en un mot je le comparerais,
Objet le plus chéri, si personne jamais
Pouvait avoir pour moi le cœur d'Adélaïde.

ADÉLAÏDE.

Il peut ; dès ce moment, compter sur mes bienfaits ;
Il aime mon ami, mes bontés sont certaines.
      Je vous attends, au sortir de vos chaines,
Pour vous faire oublier les maux qu'on vous a faits.
Le sort de vos neveux & d'une sœur chérie,
      Me regardera dès ce jour,
      Et le crime de ma patrie,
Cher *Trenck*, sera du moins réparé par l'amour.

SCENE V.

LES PRÉCÉDENS, GEFFARD, *accourant.*

GEFFARD.

Nous sommes soupçonnés, je crains tout pour ma vie;
Mais aujourd'hui, quelque soit mon deſtin,
J'emporte mon secret, il mourra dans mon sein.

TRENCK.

Quel eſt l'auteur de cette perfidie?

GEFFARD.

Je ne ſais; mais ne perdons pas de tems.
(*Aux Dames.*)   (*A Trenck.*)
Daignez ſuivre mes pas; & ſi mon infortune
Veut que nous nous voyions pour la dernière fois;
Songez que, pour ami, de moi vous fites choix,
Et que je vous donnai ma vie & ma fortune.

ADÉLAIDE, *à Geffard.*

Eh quoi! brave Soldat, vous paieriez de vos jours
Ce noble dévouement, le généreux secours
Que porta votre cœur à la vertu souffrante?

TRENCK.

Adélaïde! ah! Sauvez mon ami,
Ou dans mon déſeſpoir, ici,
Trenck eſt perdu pour ſon amante.

ADÉLAIDE.

Ferdinand de Brunſwick eſt-il à Magdebourg?

GEFFARD.

Il entre à l'inſtant dans la Place,
Madame ; & c'eſt ce prompt retour
Qui me fait entrevoir le coup qui nous menace.

ADÉLAIDE.

C'eſt aſſez ! fiez-vous à moi.

(*A Trenck.*)

'A Geffard, comme à vous, mon ame s'intéreſſe ;
Repoſez-vous ſur ma tendreſſe
Du ſoin de conſerver un brave homme à ſon Roi.

SCENE VI.

TRENCK, *ſeul.*

L E Prince à Magdebourg ! Quelle raiſon l'amène ?
Se peut-il que de mon projet
On ait pu deviner & trahir le ſecret?.....
On ouvre..... hâtons nous de reprendre ma chaîne;
Point de faibleſſe en ce danger preſſant !
Je ſaurai, ſans pâlir, voir s'avancer l'orage;
Raſſuré par ſon cœur, le mortel innocent,
Au deſtin qui l'opprime, oppoſe ſon courage.

SCENE VII.

Le Général DE BORCK, TRENCK, Officiers,
Soldats.

BORCK, *aux Soldats.*

SOLDATS, cherchez partout, Trenck veut briser ses fers.
Par mes soins vigilans ses projets découverts,
Par mes ordres bientôt deviendront inutiles.
Vainement ses esprits en ruses sont fertiles,
Ses complices, ni lui, ne tromperont mes yeux.

TRENCK.

Point de discours injurieux,
Général Borck ! les menaces sont vaines.
Le lâche seul insulte un homme dans les chaînes ;
On doit le respecter, quand on ne fait pas mieux.
Vous me parlez toujours de chaines, de supplices!...
Apprenez que ces mots ne vous sont point permis,
Le criminel a des complices,
Et l'honnête homme a des amis.

BORCK.

Quittez cette fierté qui n'est qu'un artifice,
Un masque mal-adroit par la peur revêtu.

TRENCK.

La peur ! Ce sentiment peut vous être connu,
Pas à moi ; l'ennemi me rend cette justice.

Pourquoi de ma fierté faut-il que je rougisse?
      Dans l'homme heureux elle est un vice;
Mais dans l'être qui souffre elle est une vertu.

BORCK.

De vous à votre sœur, de la Saxe une Lettre
A, par la poste, été renvoyée en mes mains;
      Pour pénétrer tous vos desseins,
      Je l'ai lue & l'ai fait remettre.
Du complot vous voyez si je suis informé.
A vos chaines j'ajoute une charge nouvelle,
Si, dans ce même instant, le Soldat infidèle
      Qui la porta, par vous ne m'est nommé.

TRENCK.

      N'ajoutez pas la menace à l'insulte,
Toutes deux ne pourraient que vous faire rougir.
Ainsi qu'un délateur vous voulez m'avilir?
      Mais quand il s'agit de souffrir
Pour sauver mon honneur, jamais je ne consulte.
Je n'ai point mérité le traitement affreux
      Que me fait souffrir ma patrie;
      Mais si *Trenck* avait l'infamie
      De trahir l'homme généreux
Qui, pour me délivrer de mon sort rigoureux,
      A bien voulu risquer sa vie,
Moi-même, je croirais mériter dès l'instant,
Les chaines que je porte, & la mort qui m'attend.
      De mes jours vous êtes l'arbitre,
      La trahison vous a donné ce titre;
Mais l'Europe a les yeux fixés sur ma prison.
Il ne se pourra pas que chacun m'abandonne;

                        Ainsi;

Ainsi, Soldats, pensez, tel ordre qu'on vous donne,
Que je suis Capitaine, & que Trenck est mon nom.

BORCK.

Tous ces discours, à mon ordre sévère,
Si vous n'obéissez, ne pourront vous soustraire.

TRENCK.

Tigre altéré de sang, contemple ce caveau,
Fixe tes regards sur mes chaines,
Et vois quel châtiment nouveau
Ton cœur féroce peut ajouter à mes peines!
Le Roi, ton maitre aussi bien que le mien,
N'a pas, jusqu'à ce point, étendu sa colère;
Il est juste, il aime le bien,
Mais les traitres sont fiers du mal qu'ils lui font faire.
Réponds : commande-t-il que Borck, à tous momens,
Me fasse de là faim éprouver les tourmens,
Et que, l'instant qui suit, devant moi l'on expose
Le double qu'il ne faut de pain pour me nourrir,
Pour que cet aliment me cause
De longs étouffemens dont j'aurais dû mourir?
Commande-t-il à ta haine cachée
De me laisser de soif languir dans ce caveau,
Pour qu'on me trouve, en mon tombeau;
Expirant, étendu, la langue desséchée?
A-t-il donné l'ordre infernal
Qui récemment est sorti de ta bouche?
Jamais Tyran le plus farouche
Créa-t-il un supplice à ce tourment égal?
Pour que mes maux n'aient point de trève,
Dès que l'on me voit sommeiller,

Ce court repos on me l'enlève ;
De quart d'heure en quart d'heure, on vient me réveiller !
Va, je connais mon Prince, il forma ma jeunesse ;
C'est en père qu'il m'eût puni,
Si, tel que toi, quelqu'ennemi,
Jusqu'à moi n'empêchait d'arriver sa tendresse.

BORCK.

Je connais mon devoir : ces reproches amers
De moi n'auront point de réponse.
Nommez votre complice, ou bien je vous annonce
Que vous allez tomber sous le poids de vos fers.
(*Trenck le regarde avec mépris & se tait.*)
(*Borck continue.*)
Je ne comprends que trop ce méprisant silence…;
Tu vas voir si je sais punir une insolence.

(*Il sort.*)

SCENE VIII.

TRENCK, UN OFFICIER, *restant après tous les autres.*

L'OFFICIER.

VOTRE courage inspire une tendre pitié ;
Et je crois devoir vous apprendre
Qu'un Soldat, sûrement celui dont l'amitié
Vous a servi, vient de se pendre.
Ainsi, sans trahison, vous pouvez le nommer.   (*Il sort.*)

SCENE IX.

TRENCK, *seul*,

L'AI-JE bien entendu ? Ciel ! il serait possible !
   Quel désespoir vient m'animer !
   Quoi ! Geffard meurt, & d'une mort horrible,
      Et je ne peux pas le venger !
Et Borck impunément va venir m'outrager !
Plus de fuite ! Geffard emporte l'espérance,
Et mes fers, plus pesans, retombent sur mes bras !
Mais, pour dernier espoir, n'ai-je point le trépas ?
      Qui peut mourir doit finir sa souffrance.
Tentons auparavant la générosité
Du Prince que le Ciel en ce séjour amène ;
Livrons-lui mon secret avec sécurité,
      Mais que pour Trenck, en échange, il obtienne
Des Juges, le supplice, ou bien la liberté.
      O Geffard, ami véritable,
      Brave Soldat, Citoyen respectable,
A l'abri de ton nom Trenck va faire un effort ;
Et mort, tu briseras la chaine qui m'accable,
      Ou mon trépas suivra de près ta mort !

SCENE X.

TRENCK, LE GÉNÉRAL BORCK, Suite.

TRENCK.

GÉNÉRAL Borck, plus de menace,
Le Prince de Brunfwick arrive dans la Place,
Je le fais : en mon nom daignez l'aller trouver ;
Dites-lui qu'on voudrait vainement me priver
Aujourd'hui du pouvoir de fortir d'efclavage ;
Vifitez mon cachot, ajoutez à mes fers,
     Faites-moi garder davantage,
   De fûrs chemins pour fuir me font ouverts ;
Ce difcours vous furprend ; vous gardez le filence,
Je vous dis cependant l'exacte vérité ;
    Sans craindre aucune violence,
Je n'ai plus qu'à vouloir & j'ai ma liberté.
    A cette fuite, auffi jufte que prompte,
     Je renonce, quoiqu'outragé,
    Si, de mes fers pour effacer la honte,
Le Prince me promet que je ferai jugé.
    De ce moment, à ce prix je lui livre
De mon évafion les moyens, le fecret ;
    Et je confens à ne plus vivre,
Si le jour eft plus fûr que ne l'eft mon projet.

BORCK.

Eh bien ! démontrez-moi l'entreprife poffible ;

Et, de la part d'un Prince équitable & sensible,
Je vous promets un Juge & de meilleurs destins;
  Votre prison deviendra moins horrible,
Et, d'avance, vos fers vont tomber de vos mains.

TRENCK.

Pour avoir mon secret, ce n'est point une adresse?

BORCK.

Une preuve; & de près l'effet suit la promesse.

TRENCK, *faisant tomber ses fers.*

La voilà !

BORCK, *étonné.*

Vous quittez vos chaines sans effort !

TRENCK.

Quand je veux.

*(Montrant la pierre sur laquelle est gravée une tête de mort
au-dessous de son nom.)*

          Vous voyez cet appareil de mort ;
Cette pierre devait un jour couvrir ma cendre ;
      En sûreté j'y peux descendre ;
Mon chemin, à la vie est sous elle entr'ouvert.
Ce souterrein conduit aux remparts de l'Étoile ;
Et si tôt que sur nous la nuit tendra son voile
Sur la frontière *Trenck* se montre à découvert.
          Voilà mes apprêts & mes armes.
Du succès de ma fuite à présent doutez-vous ?
Sur votre probité je n'ai point eu d'allarmes ;
La parole suffit entre hommes tels que nous.

BORCK.

Et le nom du soldat par qui vous fites rendre
Votre billet à votre sœur ?

TRENCK.

Son nom, puisqu'il faut vous l'apprendre......

SCENE XI.

TRENCK, BORCK, GEFFARD, suite.

GEFFARD, paraissant ; dit au Général Borck.

Mon Général !

TRENCK, à part & dans la plus agréable surprise.

Dieux ! quel bonheur !
Il n'est pas mort !

GEFFARD, à Borck.

Le Prince à l'instant vous demande.

TRENCK, à part.

Mon cœur est ennivré d'une faveur si grande !

BORCK, à Geffard.

C'est assez, j'obéis: (à Trenck), & vous, Trenck, achevez !

TRENCK.

N'exigez pas que je le nomme ;
C'est une trahison indigne d'un brave homme,
Condamnez-moi si vous pouvez.

BORCK.

Le Prince aura des droits à votre obéiffance.
Devant lui, foyez prêt à rompre le filence.

(Il fort avec fa fuite).

SCENE XII.

TRENCK, GEFFARD.

TRENCK, *embraffant Geffard.*

O MON ami, tu m'es rendu !
Aujourd'hui pour jamais j'ai cru t'avoir perdu;

GEFFARD.

Comment ?

TRENCK.

De ce foldat qui s'eft ôté la vie
On vient de m'apprendre le fort ;
Nous craignions une perfidie ,
Et j'ai cru que Geffard s'était donné la mort.

GEFFARD.

Pour vous aimer il vit encore.
De mon cœur , je ne fais fi j'en crois trop les vœux ;
Mais le Prince a des ordres que j'ignore ,
J'ôfe efpérer pour vous un deftin plus hcureux.

TRENCK.

Ah ! Geffard ! qu'à propos je t'ai vu reparaître !
Un moment plus tard , & peut-être

Aux horreurs du trépas je livrais mon ami,

Te croyant mort, & loin de ma patrie

Dédaignant de traîner un nom qu'elle a flétri,

J'ai demandé qu'on m'arrachât la vie

Ou que par un arrêt l'on me rendît l'honneur ;

J'ai du Duc de Brunswick imploré la faveur ;

Pour l'obtenir, j'ai de ma suite

Dévoilé le projet, le moment, la conduite :

Mon tyran a persévéré

A connaître l'ami par qui j'ai fait remettre

A ma sœur ma dernière lettre,

Et j'allais te nommer quand Geffard est entré.

GEFFARD.

Eh bien ! ma mort aurait été suivie

Pour vous d'un sort heureux & mérité ;

Et du moins, en perdant la vie,

Mon nom vous eût encor valu la liberté.

SCENE XIII.

TRENCK, GEFFARD, UN OFFICIER, *soldats.*

L'OFFICIER.

Soldats ! veillez *sur Trenck* ! jour & nuit qu'on l'observe,

De ses armes emparez-vous !

S'il trompe vos regards, vous en répondrez tous.

TRENCK.

C'est donc le sort qu'on me réserve ?

C'eſt donc ainſi que *Borck* accomplit ſon ſerment?

L'OFFICIER.

Je ne fais qu'obéir à ſon commandement.
            Auprès du Prince il s'eſt fait un mérite
            Du ſecret par vous révélé,
Et d'avoir, par ſes ſoins, prévenu votre fuite.

TRENCK.

Et contre l'impoſteur nul de vous n'a parlé ?

L'OFFICIER.

J'ignore les diſcours tenus dans mon abſence;
            J'ai reçu l'ordre; & mon obéiſſance
            Ne m'a point permis de reſter.
            Mais ſoyez ſûr que ſon lâche menſonge
Et le malheur nouveau dans lequel il vous plonge
De tous nos braves gens l'auront fait déteſter.

TRENCK.

Et de ſa lâcheté ſerai-je moins victime ?
Qu'importe notre haine à ſon cœur ſatisfait?
Il fallait éclater : la vertu qui ſe tait
            Paraît d'accord avec le crime.

GEFFARD.

Le Ciel va ſûrement punir la trahiſon.
            Je vois le Prince.

TRENCK.

                        Il vient dans ma priſon !
            Il eſt juſte, il eſt magnanime,
D'un guerrier, ſans honneur, il me ſera raiſon.

SCENE XIV & dernière.

LE PRINCE, TRENCK, GEFFARD,
Officiers, Soldats.

LE PRINCE.

Oui, Trenck, n'en doutez pas; indigne de sa place
Par les tourmens qu'il vous a fait souffrir,
Loin de la Cour, sans gloire il va vieillir;
De l'ordre du Roi, je le casse.
Vous devez être assez vengé.

TRENCK.

J'oublie en ce moment que j'en fus outragé.
Je ne desire pas même qu'il soit victime
D'un seul remords pour les maux qu'il m'a faits;
Il aura mon mépris : si je le haïssais,
Il pourrait croire encor que je l'estime.

LE PRINCE.

De ces chaînes vos bras ne seront plus meurtris;
Par les douleurs vos jours ne seront plus flétris,
Trop long-temps ce cachot vous servit de demeure;
Je viens vous en tirer : le Roi
Qui comble tous mes vœux en se servant de moi,
Vous en destine une meilleure.

TRENCK.

Ah! mon Prince, je vois que vous me ménagez!
Vous craignez l'effet de ma joie!

Vous me plaignez !.... vous me vengez !....
C'eſt pour me délivrer que mon Roi vous envoie ?

LE PRINCE.

Oui, Trenck, rien n'eſt plus vrai : dans cet embraſſement,
Qui de mon eſtime eſt la marque,
Vous recevez en ce moment
Le baiſer de paix du Monarque.

TRENCK.

Je l'adorai toujours ! Me croit-il innocent ?
Ai-je toujours dans ſon cœur une place ?
Je mourrais de douleur, ſi, dans ce doux inſtant,
Sa pitié ſeule avait dicté ma grace.

LE PRINCE.

Ne deſirez plus rien ! démaſqué, confondu,
Votre ennemi mortel exilé loin du trône !....

TRENCK.

Par mon Roi l'honneur m'eſt rendu ;
Je n'ai plus le pouvoir d'en vouloir à perſonne.
Jouis, mon cher Geffard ! enfin *Trenck* eſt heureux !....
Ah ! mon Prince, pardon, ſi, dans votre préſence !....
Mais dans ce ſoldat généreux,
L'héroïque amitié, la tendre bienfaiſance
Ont fixé pour moi leur ſéjour.
Quand j'étais délaiſſé de toute la nature,
Frappé des foudres de la Cour ;
Lui ſeul ne m'a point fait injure,
Il me crut innocent, & m'a ſauvé le jour.

GEFFARD.

Devant le Prince, image de mon maître.

Geffard ne devrait pas vous répondre peut-être,
 Mais si je suis content de moi,
C'est qu'en vous estimant, en vous rendant service,
 Je ne faisais que vous rendre justice,
Et qu'un simple soldat pensait comme son Roi.
  LE PRINCE, à *Geffard.*
Brave homme ! dès ce jour je me charge de toi.
    (à *Trenck.*)

De la haine oublions cet attentat énorme.
Sur la place assemblé le Corps n'attend que nous ;
 Partons ! quel habit voulez-vous ?
  TRENCK.
 L'habit d'honneur ! mon Uniforme !
Il me vit naître ! il me verra mourir.
  LE PRINCE.
 C'est moi qui veux vous en couvrir.
 Suivez mes pas sans plus attendre,
C'est en vain que l'envie a voulu le flétrir,
A l'ombre des Drapeaux, je saurai vous le rendre.

  FIN.

Lu & approuvé pour la représentation & l'impression. A Paris, ce 25 Juin 1788. SUARD.

Vu l'Approbation, permis de représenter & d'imprimer. A Paris, ce 25 Juin 1788.
    DE CROSNE.